CHRISTIAN SIMON

Tempelhof-Schöneberg

Bild S. 2:
Kuppel des
U-Bahnhofs
Nollendorf-
platz

Abbildungen
Fotolia: Titelbild (beetey)
Arbeitskreis Historisches Marienfelde: 58, 63
Carsten Schütte: 51
Wikimedia Commons: 8, 10, 12 (Dirk Ingo Franke), 13, 17, 18 (Ansgar Koreng), 19, 20 (Willy Pragher), 22, 23 (Sebastian Rittau), 25, 26 (Talmoryair), 29 (Manfred Brückels), 30, 31, 32 (Jörg Zägel), 33 (Definitiv), 34 (Axel Mauruszat), 35, 36, 36 (Emmridet), 37 (Bodo Kubrak)
Alle übrigen Abbildungen: Christian Simon

Impressum

Gestaltung und Satz: Mario Zierke, Berlin
Printed in the European Union
ISBN 978-3-96201-020-1

INHALT

Alt-Schöneberg

Der Meilenstein am Innsbrucker Platz

Wir erreichen den Ausgangspunkt unseres Spazierganges durch Alt-Schöneberg über den **U- und S-Bahnhof Innsbrucker Platz**. Von einem Stadtplatz ist aber nichts übrig geblieben: Eine wuchtige Bahnbrücke, laute, breite Straßen, eine Autobahn mit Tunnel und Zufahrtsrampen prägen seit 1979 das Bild. Auf dem Mittelstreifen der Hauptstraße steht die Nachbildung eines preußischen Meilensteins mit der Angabe „1 Meile bis Berlin" (7,53 Kilometer bis zum Dönhoffplatz). Auffällig ist das achtgeschossige Wohnhaus am Innsbrucker Platz 4. Es ist Teil einer Wohnanlage, die 1922–1928 nach Entwürfen von Paul Mebes und Paul Emmerich errichtet wurde. Der ursprünglich sechsgeschossige Kopfbau wurde im Zweiten Weltkrieg zerstört und, etwas versetzt, 1950 leicht verändert achtgeschossig von Paul und Jürgen Emmerich wieder aufgebaut. Das Haus gilt als eines der ersten Nachkriegshochhäuser Berlins.

Das ehemalige Funkhaus von RIAS, heute Deutschlandfunk Kultur, am Hans-Rosenthal-Platz

Links davon, an der Einmündung zur Innsbrucker Straße, steht seit 1981 ein Marmorbrunnen. Er ist eine Kopie des in Innsbruck stehenden Trinkbrunnens am Trautsonhaus.

Wir gehen am sechsgeschossigen Bankgebäude von 1957 an der Ecke zur Wexstraße vorbei, immer entlang der Autobahn (Stadtring, BAB 100). Beim Blick in die Erfurter Straße sehen wir rechts die Kirche der Neuapostolischen Gemeinde, die hier am 12. August 1928 eingeweiht wurde. Wir setzen unseren Weg fort und biegen rechts in die Kufsteiner Straße ein. Links entstand 2018/19 das **Park Carré**, ein Baublock mit 196 hochwertigen Eigentumswohnungen. Sie stehen nun schon in Charlottenburg-Wilmersdorf, denn an der rechten Seite der Kufsteiner Straße verläuft die Bezirksgrenze. Das gegenüberliegende, am 21. Juni 1961 eröffnete Zollamt steht in Tempelhof-Schöneberg.

Längst ist rechts ein fünfgeschossiger Bürokomplex in unser Blickfeld geraten, heute das **Funkhaus von Deutschlandfunk Kultur**. 1938–41 für das Bayerische Sticksoffsyndikat errichtet, sendete aus diesem Gebäude von 1948 bis 1993 RIAS Berlin. Der *R*undfunk *i*m *a*merikanischen *S*ektor strahlte ein deutsch-

Das Logo des RIAS-Senders Berlin

Blick auf die U-Bahn-Station Rathaus Schöneberg

sprachiges Programm für Berlin und die „Zone“ (DDR) aus, wie es damals hieß. Der Sender verstand sich als eine „freie Stimme der freien Welt“. Deutschlandfunk Kultur sendet seit 1994 von hier aus ein deutschlandweites Vollprogramm. Die RIAS-Logos über dem Haupteingang und auf dem Dach stehen unter Denkmalschutz.

Am Funkhaus vorbeigehend erreichen wir den **Rudolph-Wilde-Park**, eine eiszeitliche Senke. Der kaum tragfähige Untergrund hielt das Gelände von jeder Bebauung frei. Seit 1910 quert die U-Bahn-Linie 4 die Talung. Durch den Höhenunterschied liegt die Station „Rathaus Schöneberg“ oberirdisch. Der KaDeWe-Architekt Emil Schaudt gestaltete den Bahnhof mit Fenstern wie bei einer Orangerie mit Blick auf Teich und Park.

Über die Treppe links erreichen wir die über den Bahnhof führende Carl-Zuckmayer-Brücke. Der Schriftsteller wohnte von 1928 bis 1933 in der nahen Fritz-Elsas-Straße 18, das Haus existiert aber nicht mehr. Die Schmuckvasen und Figuren auf der Brücke wurden um 1910 von dem Maler und Bildhauer Richard Guhr geschaffen. Von der gegenüberliegenden Treppenbrüstung ist der Goldene Hirsch von 1912 zu sehen. Das Schöneberger Wappentier steht auf einer 8,80 Meter hohen Säule inmitten einer Brunnenanlage und ist ein Werk des Bildhauers August Gaul.

Wir gehen nach links, biegen rechts in die Freiherr-vom-Stein-Straße ein und erreichen das 1911–18 errichtete **Rathaus Schöneberg**. Von 1949 bis 1993 war es Sitz des West-Berliner Abgeordnetenhauses. In dieser Zeit war der Vorplatz Ort politischer Kundgebungen. Hier trauerte man u. a. um die Opfer des 17. Juni 1953, um die Regierenden Bürgermeister Ernst Reuter († 1953) und Willy Brandt († 1992), 1963 bejubelte man den US-Präsidenten John F. Kennedy („Ich bin ein Berliner") und 1989 den Fall der Mauer. Seit 1950 läutet jeden Mittag um zwölf Uhr die mächtige, zehn Tonnen schwere Freiheitsglocke, die durch Spenden von US-Bürgern finanziert wurde.

Die Hirsch-Skulptur auf dem Brunnen im Rudolph-Wilde-Park hat der Bildhauer August Gaul erschaffen.

Schräg rechts vom Rathaus steht das 1915/16 errichtete Verwaltungsgebäude für die OLEX-Petroleum-Gesellschaft (heute: DEA), das heute von der Senatsverwaltung genutzt wird.

Wir überqueren die Straße, erreichen die Belziger Straße und biegen rechts auf den **Kirchhof Alt-Schöneberg** ein. Linker Hand stehen große Mausoleen, von denen einige zu Urnenhäusern umgebaut worden sind. In dieser Reihe befindet sich auch das Ehrengrab des Architekten Franz Schwechten, kurz vor Erreichen der Anhöhe (Abt. 0-16-26). Ihm verdanken wir u. a. den Anhalter Bahnhof, die Apostel-Paulus- und die Kaiser-Wilhelm-Gedächtniskirche. Die barocke

Rathaus Schöneberg

Dorfkirche von 1764 ist neben der benachbarten, 1910 erbauten und im Krieg zerstörten Paul-Gerhardt-Kirche das Gotteshaus der evangelischen Kirchengemeinde Alt-Schöneberg. Die Paul-Gerhardt-Kirche wurde zwischen 1958 und 1962 nach Entwürfen des Architekten Hermann Fehling neu erbaut und bildet zusammen mit weiteren Gemeindebauten ein Bauensemble, das rückwärtig bis zur katholischen St. Norbert-Kirche führt, die an der Dominicusstraße liegt.

Die barocke Dorfkirche Schöneberg wurde 1764 erbaut.

Vom erhöhten Standort vor der **alten Dorfkirche** blicken wir schräg links auf die gegenüberliegende Straßenseite. Hier stand der **Prälat Schöneberg**, einst Schankbereich der hier 1867 eröffneten „Schloßbrauerei-Schöneberg“. Die Brauerei, zuletzt „Berliner Kindl“, verschwand 1975. Der 1938 eröffnete „Prälat“ in der Hauptstraße 121–124 avancierte jedoch seit den 1950er-Jahren mit seinen acht Festsälen zu einem angesagten Treffpunkt der feinen West-Berliner Gesellschaft. Hier fanden feierliche Bankette und Bälle statt, zu denen Diven wie Gina Lollobrigida oder Sophia Loren erschienen. Aber der „Prälat“ musste 1987 aus finanziellen Gründen schließen und wurde nach Verwahrlosung, Verfall und Brand 2007 abgerissen. An seiner Stelle eröffnete ein Discounter mit einem enormen Parkplatz und 2009 das Immanuel Seniorenzentrum Schöneberg (Nr. 121). Auf der Rückseite zur Feurigstraße hin sind jedoch Säle erhalten geblieben, die unter Denkmalschutz stehen.

Über eine seitliche Treppe verlassen wir den Kirchhof und befinden uns im **„alten Dorf" Schöneberg**. Es wurde als Straßenangerdorf gegründet und als „villa sconenberch" 1264 erstmals schriftlich erwähnt. Wir verbleiben nun immer auf der linken Straßenseite der Hauptstraße, von der nachfolgend jeweils nur die Hausnummern genannt werden. Das Wort „Zerstörungen" bezieht sich immer auf den Zweiten Weltkrieg.

Die Rückseite des ehemaligen Prälats Schöneberg in der Feurigstraße

Da die Schöneberger Bauern ihr Land seit etwa 1830 an das Militär sowie an die Bahn- und Terraingesellschaften verkaufen konnten, wurden sie zu den sprichwörtlichen „Millionen-Bauern". Noch heute zeugen einige Villen davon, wie in der Nr. 45. In der 1865 errichteten Villa von Bauer Willmann ist heute der Polizeiabschnitt 42 untergebracht. Die beiden Villen der Bauernfamilie Richnow wurden 1879 (Nr. 44) und 1874 (Nr. 43) erbaut. In der 1872 errichteten Hewald-Villa (Nr. 40/42) befindet sich heute das Schöneberg-Museum. Hinter der Villa Mette (Nr. 40) von 1879 steht der Neubau der Mittel-

Die Villa Mette in der Hauptstraße 40

punktbibliothek Schöneberg – „Theodor-Heuss-Bibliothek“. Daneben ist auch der Zugang zum **Heinrich-Lassen-Park**, der sich bis zur Belziger Straße erstreckt. Benannt ist der Park nach Baustadtrat Lassen, der die großen Villengärten der Bauern Hewald und Mette 1953 als Grünanlage gestalten ließ.

Das Stadtbad Schöneberg in der Hauptstraße 38/39 steht etwas von der Straße zurückgesetzt, weil im Baujahr 1930 noch alte Gebäude von 1872 vorn an der Straße standen. 1989 musste das Bad wegen Einsturzgefahr geschlossen werden. Die eiszeitliche Rinne, die wir zu Beginn durchwanderten, setzt sich über den Friedhof und den Lassenpark bis hierher fort und ließ die Fundamente absacken. Das Gebäude wurde bis 1999 saniert und modernisiert. Doch wegen undichter Fliesen gab es erhebliche Wasserschäden und so musste das Bad 2009 erneut geschlossen werden. Anlässlich der Wiedereröffnung im Januar 2012 erhielt es den Namen des Showmasters Hans Rosenthal. Vor dem Bad steht seit 1936 auf einem sechs Meter hohen Sockel die Skulptur „Schwimmerin“. Sie wurde 1928 von dem Bildhauer Ernst Wenck geschaffen. Die anschließenden Mietshäuser bis zur Eisenacher Straße entstanden um 1910.

Das Stadtbad Schöneberg in der Hauptstraße

Beim Blick nach rechts durch die Albertstraße ist der letzte von vier Gasometern aus dem Jahre 1910 zu sehen. Wegen der Umstellung auf Erdgasversorgung ist er seit 1995 außer Betrieb, steht aber unter Denkmalschutz.

Wir überqueren die 1899 angelegte Eisenacher Straße und blicken auf die gegenüberliegende Straßenseite.

Das viergeschossige Haus Nr. 131 entstand als eines der ersten größeren Mietshäuser bereits 1876. Links daneben (Nr. 132) lag der Hof der Kossätenfamilie Grunow, der bis 1966 in Familienbesitz war. Der sechsgeschossige Neubau wurde 1968 errichtet. Das Haus Nr. 133 links ließ Otto Behrend um 1908 errichten. Es wurde im Zweiten Weltkrieg zerstört, das Grundstück blieb bis heute unbebaut. Behrend war auch Bauherr des danebenstehenden linken Hauses Nr. 134 mit den aufragenden Dachaufbauten, das 1896 fertiggestellt wurde. Zehn Jahre jünger ist das Haus Nr. 135 mit der aufwändigen Jugendstil-Fassade.

Auf unserer Straßenseite steht das große Wohn- und Geschäftshaus Nr. 30/31, errichtet 1910/11. Es nannte sich „Gesellschaftshaus des Westens". Im hinteren Saalgebäude beherbergte es von 1919 bis etwa 1943 die Alhambra-Lichtspiele mit über 900 Sitzplätzen.

Der daran anschließende Neubau (Nr. 28–29) von 2018 mit 127 hochpreisigen Wohnungen, Büros, Restaurants, Schulen, Geschäften u. a. steht auf dem Gelände des ehemaligen Postfuhramtes und des angrenzenden Postamtes (Nr. 27) von 1902. Die denkmalgeschützten, sanierten Gebäude wurden in das neue Stadtquartier „BRICKS Berlin Schöneberg" einbe-

Ein Jugendstilhaus in der Hauptstraße 135

zogen, das sich rückwärtig bis zur Belziger Straße 33 erstreckt.

Angrenzend lag der um 1820 eröffnete Gasthof „Schwarzer Adler“ (Nr. 25–26). Der Garten reichte später bis zur Apostel-Paulus- und zur Akazienstraße und soll 10 000 Gästen Platz geboten haben. Hier gab es Schützenfeste, Schießstände, Theater- und Musikaufführungen, Freiballonfahrten und Feuerwerke. Zur Beförderung der Gäste richtete man sogar extra eine Pferde-Omnibuslinie nach Berlin ein. 1893 wurde das Lokal geschlossen und das Gelände parzelliert und bebaut. Der legendäre Name „Schwarzer Adler“ wurde später von anderen Lokalen in der Hauptstraße übernommen.

An der Ecke zur Akazienstraße (Nr. 23–24) lud die Weißbierkneipe „Zum Hofjäger“ zur Einkehr. Hier errichtete die Berlinische Lebensversicherungs Gesellschaft AG von 1955 bis 1958 ihr Verwaltungsgebäude. Schräg gegenüber eröffnete 1960, anstelle des im Zweiten Weltkrieg völlig zerstörten Turma-Flora-Filmtheaters, das Kaufhaus Bilka. Seit ca. 1981 war hier das Warenhaus Hertie (Nr. 141/144), das 2009 wegen Insolvenz schließen musste. Nach längerem Leerstand zogen hier seitdem Filialen verschiedener Ladenketten ein. Direkt daneben, am Kaiser-Wilhelm-Platz 1, eröffnete 1990 die Kaiser-Wilhelm-Passage mit Läden und Arztpraxen, die mittlerweile etwas in die Jahre gekommen ist.

Der angrenzende **Kaiser-Wilhelm-Platz** entstand 1892 und war von prächtigen Mietshäusern und einem historischen Rathaus flankiert, das im Zweiten Weltkrieg zerstört wurde. Eine Gedenktafel befindet sich neben dem Hauseingang Kaiser-Wilhelm-Platz 3A. Seit 2007 steht auf dem Platz eine Lichtbrunnenanlage.

Ursprünglich war das Dorf Schöneberg hier zu Ende. Ab dem Kaiser-Wilhelm-Platz fiel das Gelände zum Urstromtal hin ab. An diesem Hang wurden 1750 zwanzig böhmische Weber-Familien angesiedelt. Sie bekamen die Höfe geschenkt, waren aber lohnabhängige Textilarbeiter. Die Kolonie hieß fortan „Neu-Schöneberg".

In der Hauptstraße 14 gründete der Arzt Eduard Levinstein 1861 eine „Trinkanstalt für künstliches Mineralwasser". Daraus entstand 1863 das „Maison de Santé", eine Heilanstalt für Gemüts- und Nervenkranke, die später auf die Grundstücke Nr. 15 und 16 erweitert wurde. Nach einer Nutzung als Lazarett im Ersten Weltkrieg musste es 1919 aus finanziellen Gründen schließen und wurde als Mietwohnhaus genutzt. Durch das ehemalige hintere Klinikgelände erfolgte 1935 der Durchstich zur Belziger Straße. Das alte Gebäude an der Hauptstraße ist erhalten, aber in

Der Kaiser-Wilhelm-Platz im Herzen von Schöneberg

der Nr. 16 eröffnete um 1972 ein Flachbau für einen Supermarkt.

Auf den Grundstücken Nr. 13–10 entstand 1879 ein Depot für Droschken, das später von der Großen Berliner Pferdebahn übernommen wurde. Mit der Umstellung auf den elektrischen Bahnbetrieb 1899 musste der Betriebshof geschlossen werden. Das Terrain wurde parzelliert und die Vorbergstraße angelegt. Als neues Eckgebäude entstand um 1905 die Nr. 11, einst mit einer wuchtigen Kuppel, auf der ein Globus thronte. 1919 eröffnete hier das Stummfilm-Kino „Schöneberger Lichtspiele" mit rund 300 Plätzen. Mit der Einführung des Tonfilms änderte sich der Name 1932 in „Tonburg". Es bestand bis 1960.

Das Haus Nr. 10 mit der abgerundeten Ecke baute sich der Maurermeister Franz Wernick 1902. Hier wurde um 1914 ein Kino eröffnet, das sich seit 1920 „Intime Lichtspiele" und seit 1936 „Filmhof" nannte. Ab 1971 war es unter dem Namen „Notausgang" bekannt. Seit 1986 saß in Reihe 18 eine lebensgroße Figur des Regisseurs Ernst Lubitsch. Als das Kino im April 1999 endgültig geschlossen wurde, kam die Lubitsch-Figur ins Kino „Babylon" in Mitte.

Verwaltungskomplex an der Grunewaldstraße

Wir gehen weiter bergab und schauen alsbald gegenüber auf das Lokal „Neues Ufer" (Nr. 157). Es wurde 1977 unter dem Namen „Anderes Ufer" als erstes offen schwul-lesbisches Café Berlins eröffnet. Noch heute ist das Traditionslokal ein beliebter Treffpunkt

Die Königskolonnaden im Kleistpark, erbaut von Carl von Gontard

der queeren Szene. Zwei Häuser davor (Nr. 155) wohnte von 1976 bis 1978 der Rockmusiker David Bowie. Gegenüber der Einmündung zur Grunewaldstraße steht ein siebengeschossiger Verwaltungskomplex. Er war 1939 für die Hauptvereinigung der Deutschen Milchwirtschaft und für die Oberste Bauleitung der Reichsautobahnen gebaut worden. Bis 2008 nutzte die Hauptverwaltung der BVG das Gebäude, seit 2013 die Hochschule der populären Künste und seit 2015 die myToys.de GmbH. Links davon wurde in der Grunewaldstraße 2–5 zwischen 1914 und 1920 die Königliche Kunstschule errichtet, in der sich heute das Institut für zeitbasierte Medien der Universität der Künste befindet.

Mit der Eingemeindung des nördlichen Teils von Schöneberg nach Berlin 1861 verlief die neue Stadt- und Zollgrenze entlang der Grunewald- und Großgörschenstraße. Vor dem erwähnten Bürogebäude stand ein Steuerhaus. Hier mussten bis 1875 Lieferungen von Brot, Mehl und Fleisch nach Berlin versteuert werden. Danach wurde das Gebäude als Wohnhaus für die Direktoren des Botanischen Gartens genutzt. Seit 1971 befinden sich hier die Zugänge zum U-Bahnhof Kleistpark. Der Verlauf der alten Grenze führt heute dazu, dass sich die Grundstücke Potsdamer Straße 192 und Hauptstraße 163 genau gegenüber liegen.

Wir gehen weiter bis zu den Säulen der Königskolonnaden. Sie wurden 1777–80 von Carl von Gontard für die Königsbrücke am Alexanderplatz geschaffen. Seit 1910 bilden sie den repräsentativen Eingang zum **Heinrich-von-Kleist-Park**. Es war der 1679 angelegte kurfürstliche Hopfen- und Küchengarten, aus dem sich um 1800 ein wissenschaftlich geführter Botanischer Garten entwickelte. Attraktion war ein 1858 in Glas-Stahl-Bauweise errichtetes 17 Meter hohes Palmenhaus. Um 1900 wurde der Garten nach Lichterfelde verlegt.

Im rückwärtigen Teil des Kleistparks entstand in den Jahren 1909–13 das Gebäude des Kammergerichts. Hier fanden 1944/45 unter dem Vorsitz von Roland Freisler die Schauprozesse des Volksgerichtshofs gegen die Verschwörer des Hitler-Attentats vom 20. Juli 1944 statt. Schon wenige Monate später richteten die Alliierten hier den Kontrollrat und die Luftsicherheitszentrale ein. 1954 wurde in diesem Gebäude auch die Viermächtekonferenz ausgerichtet und 1971 wurde im Plenarsaal das Viermächteabkommen über Berlin unterzeichnet. Heute ist es wieder Sitz des Berliner Kammergerichts, des Berliner Verfassungsgerichtshofs, der Berliner Generalstaatsanwaltschaft und mehrerer Berufsgerichte.

Das Kammergericht am Kleistpark

Nord-Schöneberg

Der nördliche Teil Schönebergs gehört schon seit 1861 zu Berlin und bekam durch den Hochbahnviadukt, große Kirchen und Theater, hochherrschaftliche Mietshäuser und das KaDeWe um 1900 großstädtischen Charakter. Über die drei **S- und U-Bahnhöfe Yorckstraße** erreicht man die heute 24 Eisenbahnbrücken, die die Yorckstraße überspannen. Die Gleise führten einst zum Anhalter und Potsdamer Bahnhof. Hier sind auch die Zugänge zum Park am Gleisdreieck, dessen West- und Ostpark sowie der „Flaschenhalspark" genannte südliche Teil zwischen 2011 und 2014 eröffnet wurden. Die weiten Wiesen und Sportanlagen mit Relikten der ehemaligen Nutzung durch die Eisenbahn werden bei schönem Wetter von vielen Menschen genutzt. Das ehemalige Kleingewerbegelände zwischen Bautzener Straße und S-Bahn wurde 2017–2019 mit Wohnungen bebaut, der Baumarkt in der Yorckstraße, die die Parkteile durchquert, eröffnete 2013.

Das Haus Yorckstraße 47/48

Das sich direkt nach den Brücken links anschließende Doppelmietshaus Yorckstraße 47/48 (Baujahr 1886) ist mit sechs Vollgeschossen ein städtebaulicher Sonderfall, weil mit Inkrafttreten der Bauordnung von 1887 nur noch fünf Geschosse erlaubt waren. Damit können

Sie die Bebauung der folgenden Bauwerke auf die Zeit vor oder nach 1887 datieren. Sechsgeschosser sind auch die Häuser Goebenstraße 10A, 7 und 4. Die neueren Wohnhäuser aus den 1960er- und 70er-Jahren markieren die Lücken, die der Zweite Weltkrieg geschlagen hat. Über die Goebenstraße erreichen wir die Pallasstraße, nachdem wir die Bundesstraße 1 überquert haben. An der rechten Straßenecke (Potsdamer Straße 172) stand von 1910 bis 1973 der **Sportpalast**. Hier fanden Sport- und Konzertveranstaltungen sowie politische Kundgebungen statt. Am 18. Februar 1943 stellte Reichspropagandaminister Joseph Goebbels hier die rhetorische Frage: „Wollt ihr den totalen Krieg?“, und die aufgewiegelten Volksmassen brüllten: „Jaaa!“ Die über 500 Sozialwohnungen, die 1977 an seiner Stelle entstanden, nennt der Volksmund „Sozialpalast“.

Der ehemalige Sportpalast an der Pallas- / Ecke Potsdamer Straße wurde 1973 abgerissen.

Ein Wohngebäude mit zehn Etagen überspannt die Pallasstraße 3–6. Der Wohnkomplex mit Raum für rund 2000 Menschen heißt seit 2001 offiziell „Pallasseum“ und steht seit 2017 unter Denkmalschutz. Auf der linken Seite der Pallasstraße steht ein viergeschossiger **Hochbunker**, der 1943–45 von Zwangsarbeitern errichtet wurde. Er widerstand diversen Sprengversuchen, diente als Zivilschutzanlage und wurde später für Filmaufnahmen oder Ausstellungen genutzt. Im Jahr 2002 wurde am Bunker ein „Ort der Erinnerung“ eingeweiht, der auf das Schicksal von Zwangsarbeitern hinweist; seit 2011 steht er unter Denkmalschutz. Die links anschließende Sophie-Scholl-Schule wurde 1914 als Königliche Augusta-Schule auf einem Teil des alten Botanischen Gartens eingeweiht. Im selben Gebäude befindet sich die Stadtteilbibliothek Schöneberg-Nord. Seit 1999 trägt sie den Namen der Schriftstellerin Gertrud Kolmar, die 1943 in Auschwitz ermordet wurde.

Der Hochbunker an der Pallasstraße ist mit dem Sozialpalast "Pallasseum" überbaut.

Eine weitere Schule liegt beinahe schräg gegenüber (Pallasstraße 15–17), die heutige **Spreewald-Grundschule**, ab 1892 im Hinterhof gelegen, dehnte sich später auf

die benachbarten abgeräumten Ruinengrundstücke aus.

Vom Architekten Hinrich Baller stammt die Schulsporthalle samt Kita an der Ecke zum Winterfeldtplatz. Seine spezielle Architektur folgt keiner zeitgenössischen Hauptströmung. Nach achtjähriger Bauzeit konnte der Neubau am 6. Januar 2000 übergeben werden. Seit 2005 trägt die Halle den Namen der jüdischen Sportlerin Lilli Henoch, die 1942 nach Riga deportiert und dort ermordet wurde.

Die Schulsporthalle am Winterfeldplatz hat der Architekt Hinrich Baller gebaut.

Wir gehen weiter durch die Pallasstraße. An der Ecke zur Goltzstraße 23 existierte bis 2009 die Pallas-Apotheke mit einer vollständig erhaltenen originalen Apotheken-Ausstattung von 1892. In der historischen Ladeneinrichtung bietet heute ein Schokoladen-Café seine Köstlichkeiten an. An der Ecke gegenüber steht das 1895 erbaute Haus Goltzstraße 32/ Hohenstaufenstraße 69. Die Muster und Formen der Klinkerfassade mit Symbolen der Freimaurer erinnern an ein Teppichmuster. Die Kacheln sind unterschiedlich angeordnet und glasiert. Dazwischen ragen unbehandelte Ziegelsteine hervor. Die Dekorelemente im Erdgeschoss bestehen aus Ketten von Halbkugeln mit Meridianen und Blumenmotiven

Das Haus Goltzstraße 32 / Ecke Hohenstaufenstraße 69 besticht durch seine Klinkerfassade.

sowie Medaillons mit ernsten Mauren und lächelnden Frauen. Besonders beachtenswert sind die Details des reliefartigen Türschmucks über dem Eingang in der Goltzstraße.

Wenden wir uns nun dem **Winterfeldtplatz** zu, auf dem seit 1895 die katholische **St.-Matthias-Kirche** steht. Der 290 x 80 Meter breite Platz war fünf Jahre zuvor als Marktplatz angelegt worden. Bis heute findet hier mittwochs und sonnabends ein sehr beliebter Wochenmarkt statt. Das neogotische Gotteshaus gehört mit 50 x 25 Metern zu den größten Kirchen Berlins. Der ursprünglich 93 Meter hohe Turm wurde im Zweiten Weltkrieg zerstört und ist heute nur noch 60 Meter hoch. Von 1919 bis 1929 war hier Clemens August Graf von Galen Pfarrer. Der spätere Bischof von Münster trat den Nationalsozialisten mutig entgegen und wurde 2005 seliggesprochen.

Die St.-Matthias-Kirche auf dem Winterfeldtplatz

Gegenüber der Kirche, an der Hohenstaufen- / Goltzstraße, fällt eine abstrakte Wandbemalung auf. Sie gehört zum Neubau der am 13. Juni 1959 eingeweihten katholischen Franziskus-Schule. 1985 und 2011 kamen Erweiterungen hinzu. Der Altbau von 1896 war im Februar 1945 durch Bomben zerstört worden. An der Schule wurden 2018 über 950 Schülerinnen und Schüler aus mehr

als 25 Nationen in Grund- und Oberschule unterrichtet. Rechts neben der Schule steht das Gemeindehaus (Goltzstraße 29), daneben das Seniorenwohnhaus Kardinal von Galen mit 115 Wohnungen. Es wurde 1982 nach Plänen von Günter Maiwald errichtet.

Gegenüber, auf der anderen Seite des Platzes, legte man 2002 den **Gleditschpark** an. Hier entstanden ein Spielplatz, Rasenflächen und Sitzecken sowie Skulpturen aus Stein und Holz. Das Konzept des Planungsbüros war zusammen mit dem Quartiermanagement und Anwohnern entwickelt worden. Kinder gestalteten die Mäuerchen um die Spielflächen mit Mosaiken, Zwiebeltürmchen und Fabelwesen. Zuvor stand hier, in der Gleditschstraße 9, eine Kriegsruine, in der sich das Lokal „Ruine" befand, das als Treffpunkt für Hausbesetzer, Kiffer und Trebegänger bekannt war. Nach einem Brand 1997 wurde die Ruine abgerissen. Im Haus daneben (Gleditschstraße 5) hatte seit 1993 das Puppentheater „Hans-Wurst-Nachfahren" in einer ehemaligen Tischlerei sein Domizil. Der eigentümliche Name bezog sich auf die Figur des „Hans Wurst", ein Spaßmacher der Wandertheater des 17./18. Jahrhunderts. Nachdem die ursprünglichen Betreiber in den Ruhestand gingen und der Mietvertrag gekündigt wurde, kämpfte eine Bürgerinitiative für den Erhalt des Theaters. Seit Dezember 2018 wird der Theaterbetrieb unter dem neuen Namen „FELD" fortgeführt. Links daneben steht ein weiterer Bau des Architekten Hinrich Baller. Das sechsgeschossige Wohnhaus an der

Skulptur auf dem Spielplatz im Gleditschpark

Ecke Winterfeldtstraße 39 entstand 1999. Die beiden Maisonette-Wohnungen im obersten Geschoss bieten eine Dachterrasse mit Blick über Schöneberg.

Auf der gegenüberliegenden Seite des Platzes (Goltzstraße 24/Winterfeldtstraße 45) steht ebenfalls ein Sechsgeschosser, errichtet 1887 nach Plänen von Otto Sohre. Auffällig sind die vielen Säulen, die neben ihrer statischen Funktion teilweise auch rein dekorativen Charakter haben, indem sie nur aufgemalt oder angemauert sind.

Das Haus Goltzstraße 24 / Ecke Winterfeldtstraße 45

Schräg rechts geht es zur Maaßenstraße. Das Eckhaus zur Winterfeldtstraße 40 entstand 1982. Das ursprünglich 1881 errichtete repräsentative dreigeschossige Wohnhaus wurde im Zweiten Weltkrieg beschädigt und später wiederaufgebaut. Die Grundstückseigentümer planten jedoch einen sechsgeschossigen Neubau. 1980 lag die Abrissgenehmigung vor, aber einige Mieter weigerten sich auszuziehen. Nachdem mutwillige Beschädigungen der Wohnungen durch den Eigentümer die Bewohner nicht vertreiben konnten, brannte im Oktober 1981 der Dachboden. Die verbliebenen Mieter konnten sich retten, aber das Haus war nun endgültig unbewohnbar geworden. Das Wort vom „warmen Abriss“ machte unter den Hausbesetzern die Runde, und ihre (Straßen-) Schlachten sind legendär. Denn der Kiez um den Winterfeldt- und den Nollendorfplatz war einmal rebellisch und in den 1970er- und 80er-Jahren für seine Hausbesetzerszene bekannt.

In der Maaßenstraße 12 wurde 1891 Nelly Sachs geboren (dort befindet sich eine Gedenktafel). Die jüdische Schriftstellerin floh 1940 nach Schweden und erhielt 1966 den Nobelpreis für Literatur. Nicht weit entfernt, in der Nollendorfstraße 17 (nächste Querstraße), lebte von 1930 bis 1933 der homosexuelle Schriftsteller Christopher Isherwood (auch dort befindet sich eine Gedenktafel). Seine Bücher „Mr. Norris steigt um“ und „Lebwohl, Berlin“, in denen er seine Erlebnisse in der Pension von „Fräulein Schröder“ schildert, dienten als Vorlage für das weltberühmte Musical „Cabaret“, das 1966 uraufgeführt wurde. Wir bleiben aber in der Maaßenstraße, die 2015 für rund 835 000 Euro in eine verkehrsberuhigte „Begegnungszone“ umgebaut wurde – zum Teil gegen den Willen der Anwohner und Gastwirte.

Gedenktafel für Christopher Isherwood am Haus Nollendorfstraße 17

Den anschließenden **Nollendorfplatz** dominiert der 1902 eröffnete Hochbahnhof der Berliner U-Bahn mit seiner großen Kuppelkonstruktion (1999–2002 erneuert). Zwischen 1972 und 1993 war der Betrieb eingestellt und ein Flohmarkt zog ein. Unterirdisch verkehren hier heute die Linien 1, 3 und 4, überirdisch die Linie 2. Seit 1989 erinnert eine Gedenktafel an der Südseite der Fassade des Bahnhofs an die homosexuellen Opfer des Nationalsozialismus. An der Südseite des Platzes eröffnete 1906 ein Theater mit 1108 Plätzen. Der Name wechselte oft („Neues Schauspielhaus“, „Theater am Nollendorfplatz“, „Metropol“), das Genre auch (Operetten, Theater unter Piscator und Gründgens, Diskothek). Im Mozart-Saal wurde später ein Kino eingerichtet. Von 2005 bis 2014 nutzte der „Goya-Club“ das Haus; seitdem steht das Haus leer.

Am Theater biegen wir in die **Motzstraße** ein. Im Haus Nr. 5 ist seit 1945 die private Hartnack-Schule beheimatet, in der man elf Sprachen lernen kann. Die Zusatzbezeichnung „Lauterbach-Stiftung“ verweist auf Arthur Lauterbach († 1981), der nach Harnacks Tod die Schule leitete. Genau gegenüber eröffnete in der Motzstraße 4 im Jahr 1903 die von Otto March entworfene evangelische Amerikanische Kirche. Sie wurde 1944 zerstört.

Bis 2014 hieß das ehemalige Theater am Nollendorfplatz *Goya*; heute steht das Gebäude leer.

Die Motzstraße und deren Umgebung ist schon seit den Golden Twenties eine Hochburg der schwulen Community Berlins. Gay-Hotels, Gay-Bars und Fetischläden reihen sich hier aneinander.

Wir gehen die Motzstraße weiter entlang bis zur Martin-Luther-Straße, überqueren diese und biegen rechts ab. Auf dem Grundstück Nr. 14/18 eröffnete 1920 die „Scala", ein international bekanntes Varietétheater. Man warb mit dem Slogan „... und abends in die Scala!" Das Gebäude wurde in der Nacht vom 22. zum 23. November 1943 weitgehend zerstört (seit 2018 Gedenkstele). Anfang der 1970er-Jahre errichtete man hier mehrgeschossige Wohnsilos. Ebenfalls Anfang der 1970er-Jahre entstand das 73 Meter hohe 18-stöckige Hochhaus, das nach ein paar Schritten rechts ins Blickfeld kommt. Einst als Verwaltungsniederlassung für den Philips-Konzern errichtet, eröffnete hier am 2015 das Hotel „Riu Plaza Berlin" mit 357 Zimmern (Martin-Luther-Straße 1). Links neben dem Hotel, auf der anderen Seite der Kleiststraße, glänzt die verspiegelte Fassade der Berliner Urania. 1888 gegründet, bietet sie u. a. Vorträge von Fachleuten für Laien zu Themen der Natur- und Geisteswissenschaften. Seit 1962 ist sie an ihrem heutigen Standort und hat eine „eigene" Adresse: An der Urania 17.

Das Riu Plaza Hotel

Die beinahe vollständige Zerstörung der Wohnbebauung der kleinteiligen Parzellen während des Zweiten Weltkriegs ermöglichte in den 1960er-Jahren eine großzügige Straßenplanung im Sinne einer autogerechten Stadt. So entstand am Schnittpunkt von Kleiststraße, Lietzenburger Straße, Martin-Luther-Straße und An der Urania eine gigantische Straßenkreuzung mit einem überdimensionierten Mittelstreifen. Hier sollte die geplante Autobahn („Südtangente"), die von Schöneberg über Kreuzberg nach Köpenick führen sollte, entstehen. Auf dem Mittelstreifen der Straße An der Urania fällt die 12 Meter hohe und 40 Meter weit ausladende Stahlskulptur von Bernar Venet auf. Entsprechend dem Winkel des Kreisbogens heißt sie „Arc de 124,5°". Ein 100 Tonnen schwerer Betonblock im Boden sorgt für Standfestigkeit. Die Skulptur war ein Geschenk Frankreichs an West-Berlin anlässlich der 750-Jahr-Feier 1987.

Rolf Gutbrods Dorlandhaus

Wir biegen links in die Kleiststraße ein. Auf der linken Straßenseite steht ein Geschäftshaus von 1956, geplant von Hans Soll. Hier gibt es noch einen funktionsfähigen Paternoster mit 18 Kabinen. Gegenüber, an der Ecke zur Straße An der Urania, steht seit 1966 ein 54 Meter hohes Punkthochhaus mit 14 Geschossen. Es wurde vom Büro Rolf Gutbrods für die Werbeagentur Dorland, eine der ältesten Werbeagenturen Europas, errichtet und kostete 6,5 Millionen DM. Heute beherbergt es Mieter aus verschiedenen Bereichen. Der gegenüberliegende Gebäudekomplex Kleiststraße 21–19/Keithstraße 1–3 von 1964 soll zwischen 2018 und 2020 durch einen Neubau für den Bundesvorstand des DGB ersetzt werden.

Wir erreichen den **Wittenbergplatz**, in dessen Mitte der U-Bahnhof steht. Das Gebäude wurde von dem Architekten Alfred Grenander konzipiert, 1912 eröffnet und hat für drei Linien fünf Gleise an drei nebeneinanderliegenden Bahnsteigen. Der erste Bahnhof von 1902 war nur für eine Linie ausgelegt und musste dem Neubau weichen.

An der südlichen Platzseite, am Wittenbergplatz 3, betrieb Adolf Hitlers Halbbruder Alois Hitler seit 1937 das Café „Alois". Dort steht heute das 2016 eröffnete „Hotel Mercure Wittenbergplatz" mit 183 Zimmern. Dominiert wird der Wittenbergplatz (Ecke Ansbacher Straße) allerdings vom „Kaufhaus des Westens", das man in Berlin stets nur „KaDeWe" nennt. Es wurde 1907 von Adolf Jandorf gegründet, der Architekt war Emil Schaudt. Nach Hertie und Karstadt gehört das Haus seit 2012 der Signa Holding, die wiederum Beteiligungen verkauft hat.

Der Wittenbergplatz um 1915

Am 23. November 1943 stürzte ein Kampfflugzeug der US Air Force in das Haus, das dadurch weitgehend ausbrannte. Das KaDeWe wurde 1950 wiedereröffnet und seither mehrfach umgebaut und erweitert. Bis 2022 ist eine weitere, tiefgreifende Umgestaltung geplant. In der sechsten Etage ist die größte Feinkostabteilung Europas. Hier findet man ein imposantes Angebot von internationalen Delikatessen, z. B. 3400 Weinsorten, 1 300 Käsesorten und 1200 verschiedene Wurst- und Schinkenspezialitäten. An mehr als 30 „Gourmetständen" werden kulinarische Spezialitäten aus aller Welt frisch zubereitet. In der siebten Etage befindet sich der Restaurantbereich mit einer Glaskuppel, von der aus man einen wunderbaren Ausblick über die Stadt hat. Das KaDeWe ist das einzige der großen Berliner Warenhäuser, das im Zweiten Weltkrieg nicht vollständig zerstört wurde. Es hat täglich rund 50 000 Kunden, darunter 40 Prozent Touristen.

Friedenau

Friedenau entstand am 9. Juli 1871 durch die Gründung des „Landerwerb- und Bauvereins auf Actien“ an der Chaussee zwischen Steglitz und Schöneberg. Das Straßennetz westlich davon ist durch die schnurgerade Bundesallee mit dem zentralen Friedrich-Wilhelm-Platz geprägt, auf den neun Straßen zulaufen. Hinzu kommt ein Straßenzug in Hufeisenform (Handjery- und Stubenrauchstraße) mit vier Plätzen an Schnittpunkten mit anderen Straßen.

Wir beginnen unseren Spaziergang am **S-Bahnhof Friedenau**, der gar nicht in Friedenau liegt, sondern in Schöneberg. Die Grenze zu Friedenau bildet die Fregestraße, wie wir noch sehen werden. Der Bahnhof wurde 1874 eröffnet und 1891 zu seiner heutigen Form umgebaut. Das verklinkerte Gebäude links in der Bahnhofstraße 4 ließ das Königliche Eisenbahnbetriebsamt 1889 als Beamtenwohnhaus errichten.

Das ehemalige Bahnhofsgebäude am S-Bahnhof Friedenau

Wir erreichen die **Wielandstraße** und sehen statt Villen zunächst nur viergeschossige Mietshäuser. Die ersten Villen wurden bereits 1895 wieder abgerissen und die

Das Haus Wielandstraße 16

Bauordnung Stück für Stück verändert. Links, kurz vor dem Straßenknick, wurde das Haus Wielandstraße 25 im Jahre 1895 fertiggestellt. In der dritten Etage wohnte von 1921 bis 1932 der Schauspieler **Otto Laubinger**. Am Berliner Staatstheater spielte er ab 1920 die klassischen Rollen (Faust, Karl Moor, Egmont usw.). 1932 wurde er Mitglied der NSDAP, ab 1933 Ministerialrat und Leiter der Abteilung Theater im Reichspropagandaministerium sowie Präsident der Reichstheaterkammer. Laubinger starb 1935 im Alter von 43 Jahren. In der Wielandstraße 23 fand **Rosa Luxemburg**, bedeutende Vertreterin der europäischen Arbeiterbewegung, von Oktober 1899 bis zum Frühling 1902 als Untermieterin ihre erste Berliner Unterkunft. Im 1894 fertiggestellten Haus Wielandstraße 19 mietete der Bankier William Lewis Hertslet eine Wohnung in der dritten Etage. Er war auch als Schriftsteller tätig. Von ihm stammt u. a. das Buch „Der Treppenwitz der Weltgeschichte. Geschichtliche Irrtümer, Entstellungen und Erfindungen“, in dem er die allgemeine Neigung entlarvte, geschichtliche Ereignisse im Nachhinein anekdotisch auszuschmücken. Während der Bau der meisten mehrgeschossigen Friedenauer Mietshäuser erst in den 1890er-Jahren begann, begegnen uns dennoch auch ältere Villen, wie z. B. in der **Wielandstraße 16**. Sie wurde 1887 nach Entwürfen des Architekten Carl Schäfer für den Kunsthändler Eduard Müller erbaut.

Nach wenigen Schritten erreichen wir die **Hedwigstraße**. Hedwig Neumann († 1921) war die Tochter des Schöneberger Pfarrers **Ferdinand Ludwig Frege**

(† 1883), nach dem die nächste Querstraße benannt ist. Schräg gegenüber, in der Hedwigstraße 11, wohnte von 1894–1898 der Buchhändler **Wilhelm Wohlthat**, Begründer der gleichnamigen Buchhandlung in Friedenau, aus der eine Buchhandelskette wuchs, deren letzte Filiale 2013 geschlossen wurde.

Ein Haus weiter, in der Wielandstraße 33, wohnte seit 1896 der Fotograf **Ottomar Anschütz**, ein Pionier der Fototechnik. Durch sehr kurze Belichtungszeiten gelangen ihm Bewegungsstudien, z. B. an der Königlichen Militärreitakademie in Hannover. 24 elektrisch miteinander verbundene Kameras kombinierte er zu Bildserien. Andere Serien zeigen u. a. Otto Lilienthals Flugversuche 1894. Im gleichen Jahr gelang ihm erstmals die Projektion von bewegten Bildern. Anschütz starb 1907 und wurde auf dem Friedhof Stubenrauchstraße beigesetzt. An der Wielandstraße / Ecke Hedwigstraße 6 und 7 entstanden um 1885 zwei Landhäuser. Die Nr. 7 wurde zerstört. Hier entstand 1957 ein dreigeschossiger Neubau. Das winzige Haus rechts (Nr. 6) blieb erhalten und wirkt heute „eingeklemmt“, denn auch die Villa auf Nr. 5 wurde 1910 durch ein viergeschossiges Mietshaus ersetzt.

Wir erreichen die **Fregestraße**, die Grenze zwischen Schöneberg und Friedenau, und gehen links in die Fregestraße hinein. Auf der linken Seite, im Haus Nr. 70, wohnte die Mutter von Marlene Dietrich, **Josefine von Losch**, bis zu ihrem Tod im November 1945.

Das Haus Fregestraße 70

Das Rathaus Friedenau am Breslauer Platz

Sie hatte den Polizeileutnant Louis Dietrich geheiratet, den Vater von Marlene. Nach dessen Tod 1907 heiratete Josefine Eduard von Losch, der 1916 in Russland fiel.

Wir gehen zurück, zehn Hausnummern weiter. In der Fregestraße 80 bewohnte **Theodor Heuss** zwischen 1918 und 1930 eine Sechszimmerwohnung im ersten Stock. Seit 1919 war er Bezirksverordneter von Schöneberg, dann Stadtverordneter von Berlin und von 1924 bis 1933 Mitglied des Reichstages. Von 1949 bis 1959 war er der erste deutsche Bundespräsident.

Der reizlose Neubaublock gegenüber entstand 1955. Auf dem dreieckigen Grundstück hatten sich zunächst Kleingewerbe und ein Autohandel angesiedelt. 1930 begann die Tietz AG hier den Bau eines Warenhauses, der wegen der schlechten Wirtschaftslage – nach Fertigstellung der Keller – im November 1931 abgebrochen wurde.

Wir überqueren die Hauptstraße und stehen vor dem ehemaligen Roxy-Palast (Nr. 78/79). Das Kaufhaus und Kino mit über 1 000 Plätzen entstand 1929 nach Plänen von Martin Punitzer. Später war hier die Diskothek „La Belle". Ein dort von Libyen initiierter Bombenanschlag kostete am 5. April 1986 zwei Menschen das Leben und forderte 150 Verletzte.

Nach ein paar Schritten erreichen wir am Breslauer Platz das **Friedenauer Rathaus**, 1913–17 errichtet. Die einstige reiche Fassadengliederung wurde 1935 beseitigt. Der Kiosk auf dem Vorplatz stammt von 1929.

Wir wenden uns der **Niedstraße** zu. Im linken Eckhaus, das 1902 fertiggestellt wurde, war bis 1918 das Postamt von Friedenau. Im rechten Eckhaus eröffnete 1906 das Kaufhaus von Leo Bry. Etwa 80 Angestellte verkauften hier Konfektions- und Modewaren. Geworben wurde mit dem Spruch: „Für Friedenau ein wahrer Schatz ist Kaufhaus Bry am Lauterplatz.“ In der Reichspogromnacht wurde das Geschäft der jüdischen Inhaber verwüstet. Sie haben es nicht wiedereröffnet. 1942 wurden sie nach Riga deportiert und dort ermordet.

Das viergeschossige Mietwohnhaus Niedstraße 4 rechts wurde 1899 erbaut. In jedem Geschoss befindet sich nur eine geräumige Siebenzimmerwohnung. Das dreigeschossige Haus Nr. 39 schräg gegenüber entstand 1889 nach Plänen von Max Nagel, dessen Bauten uns noch öfter begegnen werden. Es zeigt den Übergang vom Land- zum Mietshausbau.

Auf dem Grundstück **Niedstraße 5** ließ sich Generalfeldmarschall **Colmar Freiherr von der Goltz** 1876 ein kleines eingeschossiges Landhaus errichten, wohnte aber nur fünf Jahre dort. Bis 1909 nutzte die Firma Denecke & Co. Kühlanlagen die Hofgebäude, dann bis 1923 die Speditionsfirma Kopania & Co. Am 22. Januar 1923 gründeten die Brüder Siegmund und David Loewe hier ihre „Radiofrequenz GmbH“, die Geburtsstätte von „Loewe Opta“. Hier fertigte man nun Rundfunkröhren und Apparate. 1934 wurde das Grundstück abgeräumt

Erich Kästner hatte im Haus Niedstraße 5 ein Arbeitszimmer.

In der Niedstraße 13 wohnte lange Jahre der Schriftsteller Günter Grass

und ein Jahr später entstand das heutige Mietswohnhaus. Hier wohnte **Elfriede Mechnig**, die Sekretärin von **Erich Kästner**. Sie führte ihm das Büro und war eine unerlässliche Hilfe. Kästner selbst wohnte erst in Wilmersdorf, dann in Charlottenburg.

In der Niedstraße 8 war 1877 ein eingeschossiges Wohnhaus entstanden. Es wurde in den 1960er-Jahren abgerissen und der heutige Spielplatz angelegt. Das Mietshaus Niedstraße 36 genau gegenüber ist 1903 errichtet worden. Wir überqueren die Handjerystraße und erreichen das Haus **Niedstraße 13**. Es wurde 1882 von Max Nagel für den Marinemaler Hans Bohrdt errichtet. Weil seine großformatigen Gemälde nicht durch die Tür passten, hob ein Kran die Werke mitunter über das Dach aus dem Atelier. Von 1963 bis 1996 wohnte der Schriftsteller **Günter Grass** in dem Haus, zu dessen Arbeiten Werke wie „Die Blechtrommel", „Die Rättin" oder „Im Krebsgang" zählen. Er erhielt 1999 den Nobelpreis für Literatur. Übrigens: In der Menzelstraße 2, jenseits des S-Bahnhofs, wohnt mit **Herta Müller** eine weitere Literaturnobelpreisträgerin in Friedenau. Sie erhielt den Preis 2009. Das Grass-Haus ist bis heute in Familienbesitz.

Das Haus Niedstraße 17 wurde vom Architekten Max Nagel erbaut.

Links angrenzend entstand 1908 das Mietwohnhaus Niedstraße 14. Zu den ersten Mietern gehörte der Schriftsteller **Karl Kautsky**, der 1883 die Zeitschrift „Die neue Zeit“ gegründet hatte, in der man sich mit dem Marxismus und dem Wissenschaftlichen Sozialismus auseinandersetzte. Der Sozialdemokrat Katsky war zeitweilig Mitglied der USPD und mit Friedrich Engels und Rosa Luxemburg befreundet. Kautsky dürfte dem Maler **Karl Schmidt-Rottluff** im Treppenhaus begegnet sein, der von 1911 bis 1932 im selben Haus wohnte. Als Mitbegründer der Künstlergruppe „Brücke“ wandte dieser sich später dem Expressionsmus zu. Seine Werke wurden 1937 als „entartet“ verboten. In dieselbe Wohnung zog später der Schriftsteller **Uwe Johnson**, der 1959 aus der DDR kam. Während seines Aufenthaltes in New York zogen am 19. Februar 1967 Mitglieder der Kommune I ungefragt in seine Wohnung ein, unter ihnen die Politaktivisten Dieter Kunzelmann und Fritz Teufel. Als US-Vizepräsident Hubert Humphrey nach Berlin kam, plante die Kommune ein simuliertes Attentat auf ihn, was als „Pudding-Attentat“ in die Geschichte einging. Der Verfassungsschutz erfuhr davon und nahm die Truppe am 5. April 1967 fest. Als Johnson in den USA von diesen Vorgängen aus der Zeitung erfuhr, bat er seinen Nachbarn Günter Grass, seine Wohnung durch die Polizei

Das Haus Niedstraße 30 ist im Jahr 1882 erbaut worden.

räumen zu lassen. Johnson gab die Wohnung 1968 auf. Links, auf dem Grundstück Nr. 30, entstand 1882 ein eingeschossiges Landhaus auf hohem Souterrain. Schräg gegenüber (Niedstraße 17 und 18) stehen zwei weitere Landhäuser, die 1884/85 nach Plänen des Architekten Max Nagel errichtet wurden. Links, im Haus Nr. 25, wohnte von 1965 bis 1969 **Günther Weisenborn**. Der Schriftsteller war Mitbegründer des Hebbel-Theaters. Als Mitglied der „Roten Kapelle" saß er von 1942 bis 1945 im Zuchthaus. Seine Werke, darunter Romane, Komödien, Drehbücher und Hörspiele, wurden in 18 Sprachen übersetzt.

Das anschließende Landhaus (Nr. 24) wurde 1889/90 ebenfalls von Max Nagel errichtet und 1905 erweitert. Das nachfolgende Eckhaus Friedrich-Wilhelm-Platz 13 stammt aus dem Jahr 1891. In diesem Haus verkehrte in den Zwanzigerjahren der Schriftsteller **Maxim Gorki**. Das gegenüberliegende Eckhaus Friedrich-Wilhelm-Platz 14 ist 20 Jahre später gebaut worden.

Der **Friedrich-Wilhelm-Platz** als einst repräsentativer Ortsmittelpunkt ist durch den Ausbau für den Autoverkehr und den U-Bahn-Bau 1971 städtebaulich ruiniert worden. Sogar das 1901 eingeweihte Kaiser-Wilhelm-Denkmal am Nordrand wurde in diesem Zusammenhang einfach abgerissen. Die 15 Meter hohe Säule stand in einem Brunnen, war mit dem Reichsadler gekrönt und zeigte ein Bronzemedaillon des Regenten. Die am 10. November 1893 eingeweihte evangelische

Die Kirche Zum Guten Hirten am Friedrich-Wilhelm-Platz

Kirche „Zum Guten Hirten“ entstand nach Plänen des Architekten Carl Doflein.

Wir gehen rechts herum, überqueren die Sarrazinstraße und die Bundesallee. Dabei fällt unser Blick auf das Haus Bundesallee 74 mit der dunklen Fassade. Es ist das Elternhaus des Theaterkritikers **Friedrich Luft**. Wir biegen in die Görresstraße ein, die zuvor von 1876 bis 1937 Stuttgarter Straße hieß, von 1876 bis 1937 Wilhelmstraße und dann Golzheimerstraße. Der heutige Straßenname gilt seit 1947. Auf der rechten Seite steht das Haus Görresstraße 10, in dem von 1911 bis 1915 der Komponist **Leon Jessel** wohnte. Er schrieb 29 Operetten, darunter 1917 die Operette „Schwarzwaldmädel“, die in den ersten zehn Jahren nach ihrem Entstehen 6 000 Aufführungen erlebte. 1941 geriet Jessel in Gestapo-Haft, an deren Folgen er 1942 starb.

Dort, wo sich heute die DRK-Krankentransport-Leitstelle befindet (Nr. 12/14), ließ sich der Bildhauer **Johannes Götz** 1906 ein Landhaus mit Atelier errichten. Er arbeitete u. a. am Fassadenschmuck des Berliner Doms und am Neptunbrunnen mit, der heute auf dem Platz vor dem Roten Rathaus in Mitte steht. Später lebte und arbeitete hier der Bildhauer **Eberhard Encke**. Von ihm stammen u. a. die Figuren und das Giebelrelief am Krematorium Wilmersdorf. Das anschließende Grundstück Nr. 16, auf dem sich heute ein Spielplatz befindet, hatte der italienische Bildhauer Valentino Casal 1899 gekauft. Hier entstand das Haus für seine Familie, auf dem

Die *Comedian Harmonists* gründeten sich in Friedenau.

hinteren Teil ließ er einen Werkhof mit Ateliers errichten, in dem auch andere Bildhauer arbeiteten. Dazu gehörten u. a. Wilhelm Haverkamp (u. a. Ringergruppe im Volkspark Rehberge), Johannes Hinrichsen und Ludwig Isenbeck (u. a. Brunnen vor dem Rathaus Lankwitz) oder Ludwig Manzel (u. a. Kaiser Wilhelm-Statue im Grunewaldtturm). Mitunter kam der Kaiser vorbei, um sich vom Fortgang der Arbeiten an den Denkmälern zu überzeugen. Hier entstanden auch zahlreiche Statuen für Kirchen oder Grabmale. Nach dem Ersten Weltkrieg standen die Ateliers leer und wurden 1935 abgerissen. Die verbliebenen Gebäudeteile wurden während des Zweiten Weltkrieges zerstört.

Wir biegen von der Görresstraße aus links in die Eschenstraße ein, die erst um 1900 angelegt wurde, und gelangen so zur **Stubenrauchstraße**. Schräg rechts gegenüber, an der Fassade des Hauses Stubenrauchstraße 47, erinnert eine Gedenktafel daran, dass hier in einer Mansarde zur Jahreswende 1927/28 die *„Comedian Harmonists“* gegründet wurden. Zwischen 1928 und 1935 entstanden bei Electrola 69 Platten mit Schlagern wie „Ein Freund, ein guter Freund“, „Veronika, der Lenz ist da“ oder „Mein kleiner grüner Kaktus“. Kennzeichnend waren die hohen Tenorstimmen. Durch die erzwungene Emigration der drei jüdischen Mitglieder gab das Vokalsextett im Februar 1935 das letzte gemeinsame Konzert. Die Neugründung als „Meistersextett“ der verbliebenen Mitglieder wurde 1941 verboten,

Das Grab des Komponisten Ferruccio Busoni

weil „die Darbietungen des Ensembles nicht geeignet sind, den Wehrgedanken im deutschen Volk zu stützen" – das endgültige Ende der „*Comedian Harmonists*".

Vom Haus Nr. 47 aus gehen wir rechts weiter, überqueren den Südwestkorso und erreichen den Friedhof Stubenrauchstraße, der 1881 angelegt wurde. Die Kapelle ist 1889 errichtet worden. Schräg rechts vom Eingang fällt eine zweieinhalb Meter hohe Stele ins Auge. Sie markiert das Grab des Pianisten und Komponisten Ferruccio Busoni, der u. a. 1917 die Oper „Turandot" schrieb und 1924 starb. Nach einer Trauerfeier in der Akademie der Künste wurde er hier beigesetzt. Die Bronzefigur „Genius" auf der Grabstele hatte Georg Kolbe 1922 ursprünglich für das Grab von Walther Rathenau geschaffen. Nach einer geänderten Planung schmückt sie seit 1925 das Grab von Busoni (Abt. 6, Nr. 56). Wir durchqueren den Friedhof bis zur zweigeschossigen Urnenhalle, 1914–16 errichtet. Im Untergeschoss rechts fand die expressionistische Malerin Jeanne Mammen 1976 ihre letzte Ruhe, die für ihre realistischen Werke des Berliner Großstadtlebens der 1920er-Jahre bekannt ist (Abt. 45, Nr. 97).

Das Columbarium auf dem Friedhof Stubenrauchstraße

Wenn wir vom Eingang des **Columbariums** nach etwa 30 Schritten nach links abbiegen, erreichen wir rechts das Grab von Marlene Dietrich (Abt. 34, Nr. 363). Die gebürtige Schönebergerin starb 1992 in Paris. Ihren Durchbruch erreichte die Schauspielerin 1930 mit dem

Film „Der blaue Engel“. Sie ging nach Hollywood, wo Streifen wie z. B. „Der große Bluff“ (1939) oder „Zeugin der Anklage“ (1957) entstanden, und machte auch als Chansonsängerin Karriere. Zu ihrem Repertoire gehörten Lieder wie „Ich bin von Kopf bis Fuß auf Liebe eingestellt“, „Ich hab’ noch einen Koffer in Berlin“, „Ich bin die fesche Lola“, „Lilli Marleen“ oder „Sag mir, wo die Blumen sind“. Ihre Beisetzung am 16. Mai 1992 wurde live im Fernsehen übertragen. Das Grab ihrer Mutter Josefine von Losch liegt nur etwa 30 Schritte entfernt (Abt. 17, Nr. 486). Wenige Meter links neben dem Grab „der Dietrich“ wurde am 2. Juni 2004 Helmut Newton beigesetzt (Abt. 34, Nr. 367). Als Helmut Neustädter 1920 in Berlin-Schöneberg geboren, gelang ihm mit Mode- und spektakulären Aktaufnahmen der Aufstieg zum weltbekannten Starfotografen. Wir verlassen den Friedhof wieder und finden rechts ein kleines Café, wo wir uns erholen können.

Tempelhof

Der Name Tempelhof geht auf den Orden der Templer zurück, die den Ort samt Ordenshof im 13. Jahrhundert gründeten. In dem Zusammenhang entstanden auch Mariendorf und Marienfelde.

Das Rathaus Tempelhof

Gegenüber dem 1938 eröffneten **Rathaus Tempelhof** (Tempelhofer Damm 165) liegt der Alte Park, von wo aus man rechter Hand einen Zugang zur Dorfkirche hat. Wir betreten den Dorffriedhof durch das nur 1,75 Meter niedrige Eingangstor. Hier ruhen die alten Tempelhofer Bauerngeschlechter. Nahe dem Eingang erinnert eine Gedenktafel an die rund 40 Berliner und Brandenburger Opfer der Tsunami-Katastrophe von 2004. An den Küsten Südostasiens kamen damals etwa 250 000 Menschen ums Leben.

Die Dorfkirche Tempelhof

Der Eingang zur **Dorfkirche** befindet sich auf der anderen Seite. Mit 235 Quadratmetern Innenfläche ist sie die größte aller Berliner Dorfkirchen, weil sie für die Templer zugleich Ordenskirche war. Daher steht sie auch abseits des ehemaligen Dorfes. Die Kirche ist donnerstags zwischen 14 und 18 Uhr geöffnet. Die Gebäude des Ordenshofes standen wohl gegenüber dem Kircheneingang. Die letzten Reste des ehemaligen Komturs verschwanden um 1900.

Wir verlassen den Friedhof wieder, wenden uns nach links und gelangen über den **Reinhardtplatz** und die gleichnamige Straße zum ehemaligen Dorfanger. Die meisten Bauernhäuser sind heute verschwunden. Wenige Schritte nach links gelangt man zu den Häusern **Alt-Tempelhof 35** und **37**. Die eingeschossigen Wohnhäuser aus der Zeit um 1830 sind die ältesten des Dorfes, die noch erhalten sind.

Das Haus Alt-Tempelhof 35

Wir wenden uns um und gehen zurück zum **Tempelhofer Damm**. Gegenüber von „Woolworth“ (eröffnet 1956) steht seit 1912 ein wuchtiges Wohn- und Geschäftshaus. Jahrhundertelang stand hier einst der „Dorfkrug“. 1835 übernahm die Familie Kreideweiß das Lokal und machte es zu einer weithin bekannten Ausflugsgaststätte. Zum Fleiß kam Glück: Seit 1875 hielt die Pferdebahn von Berlin kommend direkt vor der Tür. 1887 kam ein mehrere hundert Personen fassender Festsaal hinzu, der in den Neubau integriert wurde. Wir gehen nun links um die Ecke, den Tempelhofer Damm entlang. An der Ecke zur Borussiastraße fällt die gelbe **Kirche der Evangelisch-Freikirchlichen Gemeinde** (Baptisten) von 1961 auf. Die linke Einmündung der Borussiastraße wurde erst kurz nach 1900 zum Tempelhofer Damm durchgelegt. In diesem Zusammenhang brach man ältere Gebäude ab. So entstand das schmucke

Die Kirche der Evangelisch-Freikirchlichen Gemeinde

Blick auf den ehemaligen Speicher des Garde-Train-Bataillons

Mietshaus Tempelhofer Damm 138. Vom Rest des Nachbargrundstücks Nr. 136 blieb nur ein schmaler Streifen, sodass das Haus an der Seite nur vier Fenster breit ist.

Kurz vor der Autobahnauffahrt steht links – etwas zurückgesetzt – ein dreigeschossiges Backsteingebäude. Das ehemalige **Inspektorenwohnhaus** gehörte zur Kaserne des **Garde-Train-Bataillons**, das hier zwischen 1883 und 1886 entstand. Aufgabe des Bataillons war es, das Gardekorps mit Waffen, Munition und Lebensmitteln zu versorgen. Im Zweiten Weltkrieg wurde die Anlage schwer zerstört, weitere Teile beim Bau der Stadtautobahn abgerissen. Hinter dem Gebäude stehen die Reste der ehemaligen Pferdeställe, die heute von der Stadtreinigung genutzt werden. Die Anlage gehörte zu den Kasernenkomplexen südlich, westlich und nördlich des Tempelhofer Feldes.

Nach Unterquerung der 1981 eröffneten Autobahn befinden wir uns unter der Brücke der 1871 eröffneten Ringbahn. Der heutige **S-Bahnhof Tempelhof** erhielt seine heutige Gestalt 1929 durch Alfred Grenander. Der Umbau war notwendig geworden, um nach der Verlängerung der U-Bahn-Linie 6 eine direkte Umsteigemöglichkeit zwischen S- und U-Bahn zu schaffen.

Hinter den Brücken besteht die Möglichkeit, an der Ampel die Straßenseite zu wechseln, um kurz auf das Tempelhofer Feld zu schauen. Nach der endgültigen Einstellung des Flugbetriebes ist das Tempelhofer Feld

Das Eingangstor zur Gartenstadt Neu-Tempelhof

tagsüber für die Öffentlichkeit zugänglich. Von einer kleinen Aussichtsplattform kann man sich einen guten Überblick verschaffen. „Dringenden Geschäften“ könnte man hier in den aufgestellten WC-Häuschen nachgehen. Zur Geschichte des Flughafengeländes kommen wir am Ende des Spaziergangs.

Wir gehen wieder auf die andere Straßenseite zurück und stehen vor dem 1927 errichteten Eingang zur **Gartenstadt Neu-Tempelhof** (1951 erneuert). Die Straßenüberbauung ist mit je zwei gewölbten Durchlässen für Fußgänger und Fahrzeuge als eine Art Stadttor gestaltet.

Zunächst einige Worte zum Gebiet Neu-Tempelhof, das gut 200 Fußballfelder groß ist und durch die Dudenstraße, den Tempelhofer Damm, die Ringbahn und die Kasernen an der General-Pape-Straße begrenzt wird. Das Gelände hat das preußische Militär 1910 an die Gemeinde Tempelhof verkauft. Der Bebauungsplan sah zwar zunächst eine fünfgeschossige Blockrandbebauung vor. Diese ist aber nur im nördlichen Bereich verwirklicht worden, wie wir noch sehen werden. Denn die Bebauung zog sich über sechs Jahrzehnte hin, und zwei Weltkriege mit ihren Folgewirkungen führten in der Planung und Realisierung zu unterschiedlichen städtebaulichen Konzepten.

So entstand nach dem Ersten Weltkrieg vornehmlich

Mietswohnhäuser in der Gontermannstraße

auf dem mittleren und südöstlichen Teil des Geländes – in bewusster Abkehr von der ursprünglichen Planung – die Gartenstadt Neu-Tempelhof. Zwischen 1920 und 1928 wurden etwa 1000 zwei- bis dreigeschossige Einfamilienhäuser mit drei bis fünf Zimmern und Gartenland gebaut. Zur Abschirmung gegen den Flughafen, zur Ringbahn und zum Kasernengelände im Westen errichtete man ab 1926 mehrgeschossige Mietwohnhäuser. Anfang der 1930er-Jahre kam es zur Abkehr vom Konzept der Gartenhaussiedlung drei- bis fünfgeschossiger Wohnanlagen. Die noch freien Flächen im Norden und Süden wurden erst in den 1950-/60er-Jahren mit Großsiedlungen besetzt. Statt der Blockrandbebauung entstand nun eine offene Bauweise, wie sie z. B. im vier- bis achtgeschossigen Wohngebiet um die **Udetzeile** aus den Jahren 1956/57 zu sehen ist. Das einheitliche Erscheinungsbild der Gartenstadt ist bis heute überwiegend erhalten geblieben. Veränderungen entstanden jedoch beim Wiederaufbau nach Kriegsschäden oder durch individuelle Umbauten von Häusern der Eigentümer. Seit 1991 bedürfen diese Umgestaltungen einer Genehmigung.

Hochhaus an der Udetzeile

Wir betreten die Gartenstadt durch den erwähnten Torbogen und gehen zunächst entlang der Manfred-von-Richthofen-Straße, die sich in Form eines abgeflachten Halbkreises durch das Viertel zieht. Die alten geplanten Straßentrassen wurden beibehalten, aber die Breite verringert. So war genügend Platz für die Anlage von begrünten Mittelstreifen und Vorgärten.

Zweigeschossige Doppelhäuser an der Boelckestraße / Ecke Schreiberring

Die hier in der zweiten Hälfte der 1920er-Jahre errichteten Bauten sind meist dreigeschossige Reihenhäuser. Bei den ersten zweigeschossigen Häusern weiter nördlich gab es anfangs durch das hohe Grundwasser im lehmhaltigen Boden nasse Keller. So legte man die Keller später im Erdgeschoss an, sodass sich nun drei Geschosse ergaben. Hier, im sogenannten **Fliegerviertel**, sind etliche Straßen nach (Jagd-)fliegern des Ersten Weltkrieges benannt worden. Andere halbkreisförmige Straßen tragen das „-ring“ im Namen, wie z. B. Bayernring oder „-plan“, wie z. B. Bäumerplan.

An der Kreuzung von-Richthofen-Straße / Rumeyplan (nach dem Jagdflieger Fritz Rumey) stoßen wir auf den Parkgürtel, der das Gebiet kreisförmig durchzieht. Er wurde schon 1912 angelegt. Hier wechseln sich freie Flächen mit bewachsenen Bereichen, Sport- und Spielplätzen sowie Wasserflächen ab. Durch Bunkerbauten von 1940, dem Bau der Schulturnhalle 1968 an der Wintgensstraße und eine Kita an der Boelckestraße 90/98 ist der Parkring mehrfach unterbrochen. Wir werden ihm noch mehrfach begegnen.

Um die vier Ecken der Kreuzung von-Richthofen-Straße / Rumeyplan städtebaulich zu betonen, wurden die Häuser von der Baufluchtlinie um 45 Grad gedreht.

Im weiteren Verlauf der Manfred-von-Richthofen-Straße kommen wir in das Gebiet der ersten Bauphase. Hier sind die Häuser zweigeschossig und die Reihenhäuser werden teilweise durch Doppelhäuser abgelöst. Die Häuser haben eine Grundfläche von ca. 5 x 9 bzw. ca. 7 x 9 Metern mit Küche und drei bzw. fünf Wohnräumen. Alle Häuser hatten die Möglichkeit, nachträglich eine Dachkammer einzubauen, um bei Bedarf weiteren Raum zu gewinnen. Ein typisches Haus mit einem 250 Quadratmeter großen Garten kostete etwa 20 000 RM, wovon die Käufer ein Drittel selbst aufzubringen hatten und den Rest durch Darlehen finanzieren konnten.

Haupteingang des St. Joseph Krankenhauses am Bäumerplan

Wir biegen nun links in den Werner-Voß-Damm ein, dann rechts in die Boelckestraße und wieder links in die **Wintgensstraße**. Rechts erhebt sich der 1929 errichtete Schulbau des ehemaligen Askanischen Gymnasiums, das 1945 in die Kaiserin-Augusta-Straße umgezogen ist. Heute befinden sich hier die Hugo-Gaudig-Schule (Integrierte Sekundarschule) und die Tempelherren-Grundschule, wo der Regierende Bürgermeister von Berlin, Michael Müller, Lesen und Schreiben gelernt hat. Er kam am 9. Dezember 1964 im katholischen **St. Joseph Krankenhaus** zur Welt. Dorthin gelangen wir, wenn wir rechts in den Bäumerplan einbiegen. Am Giebel der 1927/28 errichteten Klinik steht der Spruch „Deus provi-

Der Parkgürtel am Tempelhofer Feld

Die evangelische Kirche auf dem Tempelhofer Feld

debit“ (Gott wird vorsorgen). Gegenüber begegnet uns wieder der **Parkgürtel**, dem wir folgen. An der Ecke zum Loewenhardtdamm befindet sich die 1958/59 aus Ziegelsplittbeton errichtete katholische St.-Judas-Thaddäus-Kirche. Schräg gegenüber steht als steinernes Brückengeländer zum abgesenkten Parkgürtel mit Teich eine unbekleidet liegende Dame mit zwei Knaben. Die Skulptur aus Muschelkalk wurde 1914 von dem Bildhauer Walter Kniebe geschaffen.

Über den Schreiberring gelangen wir wieder zur **Boelckestraße**. Hier ist der tiefer gelegte Parkgürtel von der Parkringbrücke überspannt, über die wir gehen. Von hier ist rechts die evangelische **Kirche auf dem Tempelhofer Feld** der Paulus-Kirchengemeinde am Wolffring zu sehen, die am 17. Mai 1928 eingeweiht wurde.

Wir gehen durch den Wolffring am Portal der Kirche vorbei und biegen nun wieder links in die Manfred-von-Richthofen-Straße ein. Bis hierher reichte einst die anfangs geplante fünfgeschossige Blockrandbebauung, doch sind diese Häuser im Zweiten Weltkrieg zerstört und durch Neubauten ersetzt worden.

Blick auf den Platz der Luftbrücke (um 1960)

Gegenüber, an der Manfred-von-Richthofen-Straße 19, betrieb Jürgen Müller, der 2015 verstorbene Vater von Michael Müller, eine kleine Buchdruckerei (Eingang Bayernring 7).

Die elterliche Wohnung befand sich an der nächsten Ecke, links rein, im Haus Schulenburgring 2. Hier wurde auch am 2. Mai 1945 die Kapitulation Berlins von General Weidling und Generaloberst Tschuikow unterzeichnet, an die eine Gedenktafel erinnert.

Wir gehen zurück zur Manfred-von-Richthofen-Straße und biegen links ein. Die hier stehenden Wohnhäuser geben uns einen Eindruck davon, wie das gesamte Gebiet einst bebaut werden sollte. An der Ecke zum Tempelhofer Damm, gewissermaßen als Portal zum neuen Wohngebiet, entstanden 1912/13 die beiden abgerundeten Wohn- und Geschäftshäuser. Hermann Speck plante die Grundrisse. Der Marienfelder Architekt Bruno Möhring entwarf die monumentalen Fassaden, dessen Blickfang die über drei Geschosse reichenden Säulen sind. Durch die Bebauung des westlichen Tempelhofer Feldes war somit eine bauliche Verbindung mit der Innenstadt entstanden.

Wir überqueren den Tempelhofer Damm und gehen zum 1951 eröffneten **Luftbrückendenkmal** am gleichnamigen Platz. Die „Hungerharke" erinnert an die Blockade der Westsektoren Berlins durch die Sowjets und die Versorgungsflüge der Westalliierten 1948/49. Während der Luftbrücke stürzten sieben britische und 17 amerikanische Maschinen ab, 76 Menschen kamen dabei ums Leben. Ihre Namen sind auf dem Sockel verzeichnet. Baugleiche Denkmale gibt es seit 1985 auf dem Flughafen in Frankfurt am Main und seit 1988 auf dem heutigen Heeres-

flughafen in Celle. Auf dem Platz der Luftbrücke gab es bis in die 1930er-Jahre hinein nur Schrebergärten. Wo heute der ehemalige Zugang zum Abfertigungsgebäude ist, befand sich ein Sportplatz. Dahinter entstand zwischen 1936 und 1939 nach Plänen von Ernst Sagebiel der 1,23 km lange Komplex des ehemaligen **Zentralflughafens Tempelhof**. Er ist heute das zweitlängste Gebäude Deutschlands. Dazu gehören Katakomben für Post und Fracht, ein Industriebahntunnel und ein eigenes Wasserwerk. In den Gebäuden am Platz der Luftbrücke war von 1938 die 1945 die Lufthansa untergebracht, heute ist dort der Sitz des Berliner Polizeipräsidenten. Von 1945 bis 1993 unterstand der Flughafen der US Air Force. Es gab aber auch einen Teil für den zivilen Flugverkehr.

Das Tempelhofer Feld

Auf dem Flugfeld erstreckten sich einst die Äcker und Weiden der Tempelhofer Bauern. Doch seit 1722 fanden immer wieder Militärparaden auf den Feldern statt. Die Bauern wurden zwar für die zerstörten Flächen entschädigt, doch ärgerten sie sich über die immer wieder vergebliche Arbeit. Schließlich verkauften die Bauern das Tempelhofer Feld 1827 an den Militärfiskus. So wurde es bis 1914 zum Exerzierplatz der Berliner Garnison und blieb daher von Bebauung frei. Am 8. Oktober 1923 nahm der Flughafen Berlin hier seinen Betrieb auf. Die ersten Abfertigungsgebäude standen etwa zwischen dem heutigen Vorfeld und der nördlichen Rollbahn. 1936 zählte man bereits über 200 000 Passagiere pro Jahr, was die erwähnten Neubauten nötig machte. 1975 war fast der gesamte zivile Flugverkehr nach Tegel verlegt worden. Nach 85 Jahren wurde der Flugbetrieb in Tempelhof am 30. Oktober 2008 endgültig eingestellt. Das Tempelhofer Feld ist seit dem 8. Mai 2010 tagsüber für die Öffentlichkeit zugänglich und wird als Ort der Erholung und Freizeitgestaltung rege genutzt.

Marienfelde

Marienfelde wurde – wie Tempelhof und Mariendorf – im 12. Jahrhundert von den Templern gegründet. Der Dorfanger gehört mit seinen vielen sehenswerten historischen Gebäuden zu den alten Berliner Ortskernen, die mit am besten erhalten sind.

Mit der S-Bahn-Linie 2 erreicht man den **S-Bahnhof Buckower Chaussee**. Er wurde 1946 am Hauptdepot der US-Army als provisorische Haltestelle eingerichtet und Ende der 1980er-Jahre zum richtigen S-Bahnhof mit zwei Seitenbahnsteigen und dem markanten Torbauwerk ausgebaut. Im Rahmen des Ausbaus der Dresdner Bahn als Fern- und Regionalbahnstrecke soll der Bahnhof abgerissen und als Regionalbahnhof neu errichtet werden. Damit verschwindet dann auch

Am S-Bahnhof Buckower Chaussee

Das Wohnhaus der Bauernfamilie Wiese

auch der Straßenübergang mit den Schranken, über den wir jetzt vom Bahnhof kommend nach links gehen. Wir überqueren die Straße und biegen rechts in den schmalen Abzweig ein, zu dem sich die Buckower Chaussee hier verjüngt. Es ist die alte Straße nach Marienfelde. Der breite Nahmitzer Damm umgeht den Dorfkern. Er erschließt das Gewerbegebiet, das wir jetzt verlassen.

Nach Überquerung der Motzener Straße sehen wir links eine große Wiese. Bei dem dort stehenden Gebäude handelt es sich um das Pumpwerk Marienfelde, das 1953 in Betrieb genommen wurde. Hier wird Trinkwasser in einem großen unterirdischen Reinwasserbehälter gespeichert, um es bei hohem Wasserverbrauch zusätzlich in das Trinkwasserleitungsnetz einzuspeisen. Das Pumpwerk wurde 1980 auf das heutige Speichervolumen von 25 000 Kubikmeter erweitert.

Wir überqueren die Säntisstraße und erreichen rechts den **Bauernhof Wiese** in Alt-Marienfelde 2. Es ist die einzige Bauernfamilie, die in Marienfelde noch Landwirtschaft betreibt und seit etwa 400 Jahren im Ort ansässig sein soll. Der ursprüngliche Hof stand ein Stückchen weiter weg. Das heutige Gehöft entstand erst um 1900. Blickfang ist das **Wohnhaus mit der Renaissance-Dekor-Fassade** und säulengestützem Balkon.

Nach dem Zweiten Weltkrieg konnte man das Heu zunächst noch von den Feldern in Großbeeren holen, brauchte aber schon einen Passierschein. 1953 war es damit auch vorbei. So blieben den Wieses nur noch zehn Hektar, auf denen Futterrüben angebaut werden konnten. Abnehmer sind heute der Zoologische Garten, die Forstämter und das dem Hof benachbarte Bundesinstitut für Risikobewertung. Da ein Bauernhof mit einer so kleinen Fläche nicht überleben kann, kauften Wieses einen zweiten Hof mit 200 Hektar im niedersächsischen Rennau. Nach dem Fall der Grenze 1989 kamen noch einmal 500 Hektar im angrenzenden Sachsen-Anhalt hinzu, wo Weizen, Raps und Zuckerrüben angebaut werden.

Auf der anderen Straßenseite liegt der Gutspark Marienfelde, dem wir uns später zuwenden. Wir halten uns zunächst rechts und überqueren die Wehnertstraße. Vorbei an der Häusern Nr. 4 (Baujahr 1926), Nr. 6 (Bj. 1891) und Nr. 10 (Bj. 1936) erreichen wir Nr. 12/12A, einen ehemaligen **Kossätenhof**. Das lang gestreckte, traufenständige Haus mit Satteldach wurde um 1785 gebaut. Die rechte Seite mit eigenem Eingang wurde Mitte des 19. Jahrhunderts angebaut. Im linken, älteren Teil gibt es noch die zeittypische fensterlose Küche, in der auf offenem Feuer gekocht wurde. Die unverputzte Decke des Wohnraums besteht noch aus sichtbar belassenen Deckenbalken mit Lehmabdichtung. Das anschließende kleine Haus Nr. 14 sieht zwar historisch aus, ist aber ein Nachbau eines

Der ehemalige Kossätenhof, Alt-Marienfelde 12 / 12A

Die historische Dorfschmiede, Alt-Marienfelde 21A

Bauernhauses von 1870/71.

Nach wenigen Schritten sehen wir links ein einzeln stehendes Haus, die **historische Dorfschmiede,** die Mitte des 19. Jahrhunderts entstand (Alt-Marienfelde 21A). Die separate Lage sollte die Brandgefahr für benachbarte Gehöfte minimieren, deren Dächer früher meist noch mit Stroh gedeckt waren. Der Schmiedeteich rechts davon sollte im Brandfall Löschwasser vorhalten. Er wurde 1921 zugeschüttet, aber 1990 neu angelegt.

Setzen wir unseren Weg auf der rechten Seite fort. Das eingeschossige Haus Nr. 24 wurde 1892 für den Bauerngutsbesitzer und Ortsvorsteher Zernick errichtet. Die Straßenseite ist durch eine Putzfassade gegliedert und teilweise verklinkert. Das Haus wurde 1994 restauriert, der 1867 erbaute Stall 1998 saniert.

Das Haus **Alt-Marienfelde 26** entstand 1901 als zweigeschossiges Mietshaus mit einer abwechslungsreichen Klinker-/Putzfassade. Das Gebäude nimmt die bevorstehende Verstädterung durch typische Gestaltungsmuster der Berliner Mietshäuser vorweg. Auf dem Hof links (Nr. 28) eröffnete der Gastwirt Berger um 1830 das Gasthaus „Zur Grünen Linde“. Dort gab es auch Pferdeausspann- und Übernachtungsmöglichkei-

Gasthaus "Zur Grünen Linde", Alt-Marienfelde 28

ten. 1871/72 wurde der linke Gebäudeteil aufgestockt und ein Saal angebaut. Dieser wurde zwar im Zweiten Weltkrieg zerstört, aber die Gastwirtschaft besteht bis heute. Wir gehen am Sportplatz vorbei. Hier (Nr. 36) befindet sich auch die Geschäftsstelle des „Turn- und Sportvereines TSV Marienfelde 1890". Das 1953 eröffnete Gebäude wurde bis 1986 von der Feuerwehr genutzt.

Wir überqueren die Straße „An der Dorfkirche" und erreichen das ehemalige **Tagelöhnerhaus** Nr. 38. Das Fachwerkhaus erhielt um 1785 ein Obergeschoss und wurde 1860 erweitert. Auch wenn einige Wände später durch Steinmauerwerk ersetzt wurden und die Fassade seitdem verputzt ist, stammen Teile des Gebäudes aus dem 18. Jahrhundert. Die beiden Nachbarhäuser (Nr. 40 und 42) stammen aus der Zeit um 1850, das Gehöft Nr. 48/50 aus der Zeit um

Das Haus Alt-Marienfelde 26

1860. Das Grundstück Nr. 52 war seit 1838 Schulgrundstück. Mit gestaffelten Zusatzbauten standen mit einer separaten Turnhalle schließlich vier Gebäude hintereinander. Sie wurden 1970 abgerissen. Heute befindet sich hier auf dem rückwärtigen Gelände die Solling-Oberschule. Links davon (Nr. 54) entstand 2018 ein Neubau für die Kita „Marienfelder Kiezhopser". An der Ecke zur Marienfelder Allee 145 lag einst der Gasthof „Lindenpark". In einem Neubau lädt heute „Happy Buddha" am gleichen Standort zu asiatischer Küche ein.

Das Kloster Vom Guten Hirten verfügt über einen strahlenförmigen Grundriss.

Wir machen nun einen kleinen Abstecher zum ehemaligen **Kloster „Vom Guten Hirten"**, das an der Malteserstraße 171A liegt: Wir gehen an der Ampel auf die andere Straßenseite durch das stillgelegte letzte Stück der Malteserstraße und wechseln an der nächsten Ampel auf die linke Seite. Hier bestand von 1905 bis 1967 ein von Nonnen geleitetes Erziehungsheim für 400 Mädchen. Die vier strahlenförmigen Gebäudeflügel aus rotem Backstein laufen am zentralen Punkt, der

Klosterkirche, zusammen. Sie dient heute der Pfarrei „Vom Guten Hirten". Die Gebäude werden von einem Seniorenheim und seit 1971 von der katholischen Schule Sankt Hildegard für Kinder mit Behinderungen genutzt.

Wir gehen denselben Weg zurück Richtung Dorfaue. Wer mag, kann zuvor einen Abstecher zum Kirchhof Marienfelde machen, der 1889 eröffnet wurde. Wir biegen links in die Marienfelder Allee ein, überqueren sie und erreichen an der Nr. 127 den schmalen Zugangsweg. Das ehemalige **Grab des Marienfelder Architekten Bruno Möhring**, einem der bedeutendsten Architekten des Jugendstils in Deutschland, finden wir, wenn wir nach dem ersten Brunnen rechts herum und an der Wartehalle vorbeigehen. Es ist das erhöhte Wandgrab auf der linken Seite (Abt. 2-E-17). Zu Möhrings bekanntesten Bauten in Berlin gehören der Hochbahnhof Bülowstraße, die Swinemünder Brücke und die monumentalen Fassaden der beiden abgerundeten Wohn- und Geschäftshäuser am Platz der Luftbrücke. 1920/21 war er am Umbau der Marienfelder Dorfkirche sowie am Neubau der 1927–28 auf diesem Kirchhof errichteten Kapelle beteiligt.

Friedhofskapelle auf dem Kirchhof Marienfelde

Das Grab der Familie Möhring auf dem Friedhof Marienfelde

Das Haus Alt-Marienfelde 39

Er selbst starb wenig später und wurde im dortigen Familiengrab beigesetzt. Das monumentale Grabmal hatte Möhring selbst für seinen Sohn Hans Joachim entworfen, der 1907 gestorben war. Die Witwe Anna Möhring starb 1939. Der Sohn Rudolf Möhring, ebenfalls Architekt, wurde am 23. April 1945 von Rotarmisten erschossen. Die Grabstelle der Familie Möhring ist längst neu belegt worden, aber das Grabmal blieb erhalten.

Wir kehren wieder zurück zur Dorfaue. An der Ecke Marienfelder Allee 147 / Alt-Marienfelde 55/57 stand jahrhundertelang der alte Marienfelder Dorfkrug, der im August 1943 zerstört wurde. In einem Neubau führt heute ein kroatisches Restaurant die Wirtshaus-Tradition fort. Wir gehen nun die südliche Dorfseite entlang. Während die eingeschossigen Häuser Alt-Marienfelde 49 und 43 aus der Zeit um 1850 stammen, wurde das zweigeschossige Mietshaus Nr. 41 im Jahr 1898 errichtet. Hier befindet sich das Restaurant „Alte Dorfaue“. Gegenüber, auf dem Dorfanger, steht das 1922 eingeweihte Denkmal für die Gefallenen des Ersten Weltkrieges. Eine später ergänzte Bodenplatte erinnert an die Toten und Vermissten des Zweiten Weltkrieges. Ein paar Meter dahinter liegt der

Hofverkauf im Laden von Bauer Lehmann in Marienfelde

1990 wieder neu angelegte Kirchteich.

Die Häuser auf den Grundstücken Alt-Marienfelde 39 und 37 stammen wieder aus der Zeit um 1850. Als der Landwirt Klaus Lehmann in den 1960er-Jahren den Hof auf Nr. 35 übernahm, konnte er weder mit dem Gemüseanbau noch mit der Legehennen-Haltung und einer Pferdepension ausreichend Geld verdienen. So gründete er „Lehmanns Bauernmarkt“, einen Laden mit regionalen Produkten.

Die Dorfkirche in Alt-Marienfelde

Beliebt ist der hier seit 1995 veranstaltete Weihnachtsmarkt in der Adventszeit. Gegenüber steht die **Dorfkirche**, die um 1240 auf den Gräbern des Dorffriedhofs errichtet wurde. Sie ist in ihrer ursprünglichen Gestalt erhalten, wobei der wuchtige Westturm, der die ganze Breite des Kirchenschiffs einnimmt, in Berlin einzigartig ist. Die Kirche ist in der Zeit von Sonntag nach Ostern bis zum Erntedankfest sonntags von 15 – 18 Uhr geöffnet. Um das Gotteshaus herum liegt der alte Kirchhof mit einigen erhaltenen Grabsteinen und Grabkreuzen. Südlich der Kirche, von einem Gitter umgeben, liegt die **Erbbegräbnisstätte der Gutsbesitzerfamilie Kiepert**. Adolf Kiepert, von dem noch die Rede sein wird, starb am 10. Januar 1892 und wurde drei Tage später hier beigesetzt. Der schwarze Grabstein wird von einer Vase bekrönt. Obwohl der Dorfkirchhof im Oktober 1899 geschlossen wurde, fanden auch Adolf Kieperts Enkel Alfred 1942 und Rudolf 1955 im Familiengrab ihre letzte Ruhe.

Das Grab der Familie Kiepert an der Dorfkirche

Wenden wir uns wieder der südlichen Dorfseite zu. Das 1895 errichtete zweieinhalbgeschossige Mietshaus **Alt-Marienfelde 31** ist zehn Fensterachsen breit. Dieses Gebäude steht beispielhaft für die Verdrängung der landwirtschaftlich geprägten Strukturen durch die Bodenspekulation um 1900. Dagegen stammt das eingeschossige Haus Nr. 27 noch aus dem ersten Drittel des 19. Jahrhunderts. Nach-

Das Haus Alt-Marienfelde 31

dem der Bauerngutsbesitzer Fritz Petsch (Haus Nr. 25) sein Ackerland 1904 an das Kloster „Vom Guten Hirten" verkauft hatte, konnte er sein einfaches Bauernhaus 1907 zu einem palaisartigen Herrenhaus im Stil des französischen Rokoko umbauen. Das zweigeschossige Mietshaus Nr. 23 ist 1909 fertig geworden. Es folgt der ehemalige **Gutshof (Nr. 17/21)**, der zu Beginn des 19. Jahrhunderts entstand. Ursprünglich war Marienfelde ein Bauerndorf mit dreizehn Bauernhöfen und drei Kossätenstellen. Im 18. Jahrhundert kauften vermögende Beamte aus Berlin mehrere Bauernhöfe in Marienfelde auf. Zwischen 1811 und 1821 wurden fünf Bauernhöfe, ein Kossätengrundstück, fünf Pfarrhufen und 150 Morgen vom Nachbargut Osdorf zu einem Gutshof mit insgesamt 20 Hufen Ackerland vereinigt. Leutnant a. D. von Scheel, der das Gut 1829 ersteigerte, ließ dort ab 1832 ein neues Wohnhaus

Der Gutshof Alt-Marienfelde in einer historischen Ansicht

errichten. 1844 erwarb es der Ökonom und Politiker Adolf Kiepert (1820–1892) für 75 000 Taler. Er kurbelte den Kartoffelanbau an, richtete eine Spiritusbrennerei ein und baute eine Schafzucht sowie die Milchwirtschaft auf. Zudem ließ er das Wohnhaus um 1859 zu einem repräsentativen Herrenhaus mit vierkantigem Turm umbauen und erweitern. 1889 kam ein Inspektorenhaus rechts der Einfahrt hinzu.

Zusammen mit dem Ingenieur und Schriftsteller Max Eyth gründete Kiepert 1885 die Deutsche Landwirtschaftsgesellschaft. Deren Ziel war und ist die praktische Umsetzung von wissenschaftlichen und wirtschaftlichen Erkenntnissen und technischen Neuheiten in Publikationen, Vorträgen und Tagungen sowie landwirtschaftlichen Ausstellungen. Adolf Kiepert wurde 1851 Ortsvorsteher des Gemeindebezirks Marienfelde, ab 1869 Mitglied des preußischen Abgeordnetenhauses, von 1872 bis 1878 Reichstagsabgeordneter für die Nationalliberale Partei und schließlich Kreistagsabgeordneter des Landkreises Teltow. Sein Bruder war der Geografie-Professor und Kartograf Heinrich Kiepert.

Das **Gut Marienfelde** ist 1929 an die Stadt Berlin verkauft worden. Während Amtsstellen in das einstige Herrenhaus einzogen, gestaltete der Bezirk den 46 000 Quadratmeter großen Park um 1935 zu einer öffentlichen Grünanlage um. Während des Zweiten Weltkrieges bestand auf dem Gutshof ein Kriegsgefangenenlager, anschließend brachte man hier einige Schulklassen behelfsmäßig unter. 1977 übernahm das Bundesgesundheitsamt den Hof als wissenschaftliches Versuchsgut (seit 2002 Bundesinstitut für Risikobewertung). Durch den Park geht es zum S-Bahnhof Buckower Chaussee zurück.

Doch wer vom Wandern nie genug bekommen kann (aber nur für diejenigen!), dem sei ein Abstecher in den **Freizeitpark Marienfelde** empfohlen. Da die

Das ehemalige Herrenhaus auf dem Gutshof Alt-Marienfelde

Wege teilweise nur aus Schotter bestehen, sollte man festes Schuhwerk tragen. Die seit 1950 aufgeschüttete Müllkippe wurde begrünt und 1981 als Park eröffnet. Das entweichende Gas nutzte die benachbarte Schokoladenfabrik Stollwerck bis 1995 zur Erzeugung von Wärme. Seit einer Verpuffung im Parkgelände im Februar 2001 wird das Gas nun kontrolliert abgefackelt.

Aussichtsplattform mit Blick auf Berlin

Wir überqueren den Nahmitzer Damm an der Ampel und gehen links am Baumarkt „Bauhaus" vorbei. Links liegt der 1967 angelegte **Freseteich**, Teil des 1777 zur Entwässerung angelegten Königsgrabens. Wir folgen ihm in gerader Linie. Am Röthepfuhl biegen wir durch ein kleines Tor rechts ab, bis der Weg sich in drei Richtungen teilt. Wir folgen dem mittleren Weg, biegen am nächsten Abzweig links und am nächsten Abzweig rechts ab. Nun geht es immer bergauf bis zu einer kleinen Aussichtsplattform aus Metall. Von hier aus hat man bei klarem Wetter einen fantastischen Blick über Berlin, der für den langen Hin- und Rückweg entschädigt.